Christine Nöstlinger

MINI

muß in die Schule

DACHS-VERLAG

Illustration: Christine Nöstlinger jun.
Umschlag: Christine Nöstlinger jun. und Bruno Wegscheider
Schrift: Futura Book 17 Pkt.
Druck: proost international bookproduction

Printed in Belgium.

ISBN 3-900763-720
1.Auflage
920203/100/1

PRINTED IN BELGIUM BY
proost
INTERNATIONAL BOOK PRODUCTION

Das ist die Mini:

Mini wird sie bloß gerufen.
In ihrer Geburtsurkunde steht „Hermine".

Sehr dünn ist die Mini. Und sehr groß.

Sie ist so groß wie ihr Bruder Moritz.
Und der ist um zwei Jahre älter als sie.

Oft muß sich die Mini über fremde Leute ärgern, weil die dumm fragen.

Das geht der Mini unheimlich auf die Nerven. Ganz sauer wird sie dann.

Und der Xandi, der mit der Mini in den Kindergarten geht, der sagt immer:

Weil MINI ja klein bedeutet
und MAXI groß.

Und die Oma schlägt immer die Hände über dem Kopf zusammen und jammert:

Sie hat schon den Arzt gefragt, ob es keine Pille gegen das Wachsen gibt.

Und die Dani vom Nachbarhaus ruft immer ganz gemein hinter Mini her.

Wenn die Leute so reden, kränkt das die
Mini.
Sie kränkt sich auch, wenn der Moritz zu
ihr sagt: „Du lange Latte!"
Doch anmerken läßt sich die Mini
das nicht.
Sie tippt sich dann mit einem Zeigefinger
an die Stirn und sagt zum Moritz:
„Sei nicht so blöd, du Zwerg!"
Und der Oma erklärt sie immer:
„Sei bloß froh, daß du zehn Zentimeter
mehr Enkelkind hast als andere
Großmütter!"
Doch in Wirklichkeit wäre die Mini
gern kleiner!
Oder wenigstens dicker!
Der Mini passen nämlich keine Sachen
zum Anziehen, die man fertig kaufen kann.

Sind die Sachen richtig weit,
schaut die Mini so aus:

Sind die Sachen richtig lang,
schaut die Mini auch nicht besser aus !

Ob sich die Mini auf die Schule freuen soll, weiß sie auch nicht recht.
Einmal denkt sie sich: Wird Zeit, daß ich in die Schule komme. Im Kindergarten war ich lang genug!
Dann denkt sie sich wieder: Still sitzen, den Mund halten und dauernd gut aufpassen, das muß langweilig sein!
Wenn die Mini sieht, wie sich der Moritz mit den Hausübungen herumplagt, freut sie sich auch nicht auf die Schule.
Wenn der Moritz von der Schule heimkommt und heult, daß die Frau Lehrerin schon wieder einmal „so gemein und böse" zu ihm gewesen ist, bekommt die Mini sogar Angst vor der Schule.
Richtig auf die Schule freut sie sich nur, wenn wieder jemand entsetzt ruft:

„Was? So groß ? Und geht noch nicht in die Schule?"

Mit der Schule hat die Mini auch noch ein anderes Problem. Sie kann sich nicht entscheiden, in welche Schule sie gehen soll. Dort, wo die Mini wohnt, gibt es zwei Schulen. Die eine Schule ist auf dem Schneck-Platz. Die andere Schule ist in der Käfer-Gasse.
Der Moritz geht in die Schneck-Schule.

Die Kinder aus dem Kindergarten werden aber alle in die Käfer-Schule gehen. Die Mama und der Papa möchten die Mini in der Schneck-Schule anmelden. Weil der Moritz ja auch dorthin geht. Und weil der Schulweg nicht gefährlich ist. Die Mini müßte bloß die Straße runter gehen und hätte nur zwei kleine Gassen zu überqueren.

Aber auf dem Weg zur Käfer-Schule sind zwei große Kreuzungen ohne Ampel!
Die Mini sieht ein, daß es vernünftig wäre, in die Schneck-Schule zu gehen. Doch die Mini würde lieber mit den Kindern aus dem Kindergarten in eine Klasse gehen, als mit lauter fremden Kindern. Und so kann sie sich einfach nicht entscheiden!
Jeden Tag fragt die Mama:
„In welche Schule willst du nun?"
Und die Mini antwortet:
„Morgen weiß ich es!"
Und wenn die Mama am nächsten Tag fragt, vertröstet sie die Mini wieder auf morgen.
Doch eines Tages dann sagte die Mama:
„Du mußt dich heute entscheiden!
Morgen ist der letzte Anmeldetag!"

Die Mini rief: „Ich kann mich aber nicht entscheiden!"

„Laßt das Schicksal sprechen", riet der Moritz.

„Und zwar wie?" fragte die Mini.

„Und zwar so", sagte der Moritz.

Er nahm eine rote Murmel und eine blaue Murmel und tat sie in eine Dose.

Und erklärte:

Dann nahm er eine Pudelmütze und zog sie der Mini über die Ohren, bis zum Kinn hinunter. Damit sie nicht in die Dose schielen konnte.
Er hielt der Mini die Dose hin und rief:

Die Mini griff in die Dose und zog die rote Murmel heraus. Die Mama und der Papa freuten sich.
Sie riefen: „Das Schicksal hat uns recht gegeben!"
Die Mini freute sich nicht. Kaum hatte sie nämlich die rote Murmel aus der Dose geholt, fand sie, daß die Käfer-Schule doch viel besser wäre!
Sie dachte: Vor zwei Kreuzungen ohne Ampel habe ich weniger Angst als vor lauter fremden Kindern!
Aber das traute sich die Mini nicht laut zu sagen. Weil man dem Schicksal nicht widersprechen soll!
So ging die Mama mit der Mini am nächsten Tag zum Anmelden in die Schneck-Schule.

In den ersten Stock gingen sie. In die Direktion. Zur Frau Direktor.
Die Mini war von der Frau Schuldirektor ganz begeistert!
Die sagte nämlich zu ihr: „Du hast aber schöne rote Haare!"
Sie sagte auch: „Hoffentlich bist du ein bißchen braver als dein großer Bruder, der Moritz!"
Und: „Dann sehen wir uns im Herbst wieder. Hab noch viel Spaß im Sommer!"
Kein einziges Wort verlor sie über Minis „Überlänge".
Und dabei hatte die Mini schon fest damit gerechnet, daß die Frau Direktor entsetzt ausrufen würde: „Jesus und Maria! Dieses lange Kind könnte ja gut und gern schon in die dritte Klasse gehen!"

MO DI MI

Daheim schwärmte die Mini dem Papa von der netten Frau Direktor vor. Der Moritz meinte: „Ja, ja, die Alte ist in Ordnung. Aber die unterrichtet ja nicht! Aber die zwei Lehrerinnen, die im Herbst die ersten Klassen bekommen, die sind lausige Typen! Die Star ist unheimlich streng! Und die Smecal ist unheimlich ungerecht!"
„Hör nicht auf ihn", sagte die Mama.
„Er übertreibt immer", sagte der Papa.
Die Mini glaubte dem Bruder mehr als der Mama und dem Papa.
Der Moritz kannte sich in der Schule schließlich besser aus als die Eltern. Die gingen bloß am Sprechtag in die Schule. Der Moritz war jeden Tag dort!
Manchmal wachte die Mini nun sogar mitten in der Nacht auf und fragte sich:

Werde ich die strenge Lehrerin bekommen oder die ungerechte ?
Dann wurde ihr so mulmig im Bauch, als ob zwei Gespenster im Zimmer gewesen wären.

Die Mini stellte sich die zwei Lehrerinnen auch ganz genau vor! So stellte sie sich die strenge Lehrerin vor:

Und so stellte sich die Mini die ungerechte Lehrerin vor:

Manchmal träumte die Mini auch vom neuen Kleid für den ersten Schultag.

Das waren Alpträume!

Die Oma hatte gesagt:

Mehr hatte die Oma nicht verraten.
Die Oma liebte Überraschungen!
Aber wenn es um Kleider ging, waren das für die Mini immer böse Überraschungen.
Die Oma war ganz versessen auf Rüschen und Schleifen, auf Bommeln und Fältchen und Glitzerknöpfe.
Die Mini haßte Rüschen und Schleifen, Bommeln und Glitzerknöpfe.
Die Mini hatte da nur eine Hoffnung: daß die Oma das Kleid bis zum ersten Schultag nicht hinkriegen werde!
Die Oma war beim Nähen nämlich nicht sehr flink.
Doch am Sonntag vor dem ersten Schultag marschierte die Oma mit dem neuen Kleid an. Und es war noch schlimmer, als die Mini befürchtet hatte!

Der Moritz machte sich vor lauter Lachen fast in die Hose. Er rief: „Schaust ja aus wie die Pfingstrose am Stengel!"

Aber das hörte die Oma nicht, weil die Mama ganz laut „Oh, wie wunderschön" rief und der Papa: „Supertoll!"

Als die Oma heimgegangen war, zog die Mini das Kleid aus und warf es in eine Ecke und rief: „Ich finde es gemein von euch, daß ihr so getan habt, als wäre das ein schönes Kleid!"
Die Mama und der Papa sagten:
„Wir wollten halt die Oma nicht kränken!"
Die Oma ist nämlich leicht zu beleidigen. Jede Winzigkeit nimmt sie gleich krumm. Und sie ist nicht von der Sorte, die im Stillen krumm nimmt. Sie jammert, sie vergießt Tränen. Und bekommt Migräne.
Die Mama und der Papa wollten die Mini dazu überreden, morgen das Kleid anzuziehen. Sie bettelten:
„Tu uns keine beleidigte Oma an!"
Die Mini rief:
„Tut mir dieses Kleid nicht an!"

Und der Moritz rief: „Ich habe eine Idee!"
Er erklärte der Mini, der Mama und dem Papa seine Idee, und alle drei waren begeistert!

Am Montag, punkt halb acht Uhr, stand die Oma vor der Wohnungstür.
Die Mini öffnete ihr.
Im Oma-Kleid.
Die Oma rief „Süüüüüüüüß!" und klatschte vor lauter Entzücken in die Hände.
Sie betrat das Vorzimmer und sagte:
„Also Mini, so ein elegantes Kleid wird außer dir garantiert niemand haben! Wie eine Prinzessin siehst du aus!"
Und dann ging alles blitzschnell!
Der Moritz kam mit einer riesengroßen Tasse voll Kakao aus der Küche, lief auf die Oma und Mini zu und rief:
„Servus Omilein!"
Und die Mama kam aus dem Badezimmer heraus und stolperte über einen Rollschuh, der vor der Badezimmertür am Boden lag.

Die Mama plumpste auf den Moritz, der verlor das Gleichgewicht und fiel hin.

Der Kakao schwappte über, ein bißchen spritzte an die Wand, der Rest landete auf dem Oma-Kleid.

Und der Papa kam aus dem Schlafzimmer
und rief ganz entsetzt:

So konnte die Mini doch noch in Jeans und ihrem Lieblings-T-Shirt losziehen, ohne daß die Oma beleidigt war.
Zwischen der Oma und der Mama marschierte sie der Schneck-Schule zu.
Der Moritz marschierte zehn Schritte hinterher. Er hatte gesagt: „Bin ja kein Baby! Ich brauche keinen Begleitschutz!"
Die Mama hatte eine riesige Schultüte in den Armen. Die Oma hatte eine riesige Schultüte in den Armen.
„Was soll ich denn mit zwei Schultüten?" maulte die Mini.
Die Mama sagte:„Ich kann nichts dafür, wenn die Oma mit einer Tüte kommt!"
Die Oma sagte: „Ich kann nichts dafür, wenn deine Mutter nie zuhört. Seit Wochen sage ich, daß ich deine Tüte besorge!"

Die Mini sagte:

Das war ziemlich gelogen! Die Schultüte, die die Mama gekauft hatte, gefiel der Mini sogar sehr gut.
Aber die Mini dachte:
Der viele Kakao auf dem Kleid war Kummer genug für die Oma! Wenn ich jetzt die Tüte nicht mag, dann kriegt sie Migräne!
Und überhaupt hatte die Mini jetzt andere Sorgen als Schultüten!
Wichtig war ihr jetzt bloß: Kriege ich die strenge oder ungerechte Lehrerin?
Beim Schultor sollte sich das herausstellen!
Da sollten zwei Listen angeschlagen sein.
Eine für die 1A, eine für die 1B.
Auf der sollten die Namen der Schüler stehen und darüber die Namen der Lehrer.
So hatte das die Frau Direktor beim Anmelden erklärt.

Herzflattern und Kniezittern und Ohrensausen und Bauchgrimmen hatte die Mini, als sie mit Mama und der Oma zum Schultor kam.

Auf dem Schultor hingen aber nicht zwei Zettel, sondern drei.
„Sie haben eine dritte Klasse gemacht", sagte die Mama. Sie setzte die Brille auf und studierte die Zettel.
Dann sagte sie: „Du bist in der 1C. Und deine Lehrerin heißt Bibi Huber!"
„Wie ist die Bibi Huber?" fragte die Mini den Moritz, der nun auch schon beim Schultor war.
„Bibi Huber?" Der Moritz schüttelte den Kopf. „Eine Lehrerin, die Bibi Huber heißt, kenne ich nicht!"
Er hielt ein Mädchen auf, das gerade in die Schule hinein wollte.
„He Lore", fragte er. „Kennst du eine Lehrerin, die Bibi Huber heißt?"
„Die muß neu sein", sagte die Lore.

SCHULE

Die Mini dachte: Welche miese Eigenschaften gibt es denn noch, außer streng und ungerecht?
Der Mini fielen ein: grantig, keppelig, griesgrämig, mürrisch, humorlos, beißzangig, verbittert, boshaft, stocksauer und quengelig.
Die Mini dachte: Da wäre ja streng und ungerecht noch besser gewesen !
Sie griff nach der Hand der Mama.
Sie wollte sagen, daß sie um nichts in der Welt bereit sei, in diese Schule rein zu gehen. Doch der Moritz packte sie an der anderen Hand, zog sie ins Schulhaus hinein und sagte: „Na, Riesenbaby, ich zeig´ dir deine Bude! Kannst ja wohl noch kein A von einem B und einem C unterscheiden!"
Dabei konnte das die Mini.

Die Mama und die Oma wieselten hinter dem Moritz und der Mini her.
Mit den zwei Schultüten!

„Paß auf, gleich wird die Oma zu heulen anfangen", sagte der Moritz. „Hat sie an meinem ersten Schultag auch. Aus Rührung! Weil der Ernst des Lebens beginnt!"

Dann schaute sich der Moritz um, deutete auf eine Tür, neben der groß 1C stand und sagte: „Da mußt rein! Viel Glück, lange Latte!"

Die Mama drückte Mini ihre Schultüte in die Arme. Die Oma drückte Mini ihre Schultüte in die Arme.

Der Moritz lief in den ersten Stock hinauf.
Dort war seine Klasse.
Die Mama sagte: „Wir warten vor der Schule auf dich!"

Und die Oma fing tatsächlich zu heulen an und schluchzte in ihr Taschentuch:
„Nun beginnt der Ernst des Lebens!"

Die Mini stolperte in die Klasse. Sie schaute sich um. Lehrerin war noch keine da. Doch an den Pulten saßen schon viele Kinder.
Alle hatten Schultüten.
Natürlich bloß eine!
In der Klasse sah es anders aus, als es der Moritz beschrieben hatte. Der hatte erklärt, daß es in jeder Klasse drei Bankreihen gibt. Eine Fensterreihe, eine Mittelreihe und eine Türreihe. Und daß die Kinder, je zwei, aufgefädelt wie die Perlen auf einer Kette, in diesen Reihen zu sitzen haben.
Hier standen die Pulte kunterbunt herum.
Immer zwei Pulte so zusammen, daß zwei Kinder zwei Kindern gegenüber saßen.
Fünf solcher Pultblöcke gab es.
Drei waren schon ganz besetzt. An einem saßen zwei Buben nebeneinander.

An einem saß noch gar niemand. Die Mini wußte nicht, ob sie sich zu den zwei Buben oder an den leeren Pultblock setzen sollte.

Da sah sie, daß außer ihr noch ein Mädchen in der Klasse herumstand. Ein sehr kleines Mädchen. Bei der Tafel stand es. Und Schultüte hatte es keine!

Die Mini schielte zur Klassentür hin.
Von der Mama und der Oma war nichts zu sehen. So ging die Mini zu dem kleinen Mädchen bei der Tafel und sagte:

„Danke", sagte das kleine Mädchen. Es nahm die Schultüte der Oma. „Ich hab´ eine gehabt. Aber unser Hund hat sie gefressen!" Das kleine Mädchen lachte. „Samt Glanzpapier und Schleife!"
Die Mini sagte: „Ich bin die Hermine, genannt Mini!"
Das kleine Mädchen sagte: „Ich bin die Maximiliane, genannt Maxi!"
Dann zeigte die Maxi auf die Bonbons unter dem Cellophan und fragte: „Darf man jetzt schon?"
Die Mini antwortete: „Angeblich darf man nur in der Pause. Und Pause ist jetzt nicht, glaube ich!"
„Sowieso nicht", sagte die Maxi und lachte. „Vor dem Anfang kann noch keine Pause sein!"

„Ich kenne hier überhaupt kein Kind", sagte die Mini. „Gar nicht wahr", sagte die Maxi. „Mich kennst du jetzt!"

„Stimmt", sagte die Mini. Und die Maxi fragte: „Wollen wir uns zusammensetzen?"

Die Mini nickte. „Vielleicht zum freien Pult?" fragte sie.
„Lieber dort!" sagte die Maxi. Sie zeigte zu dem Pultblock, an dem die zwei Buben saßen.
„Ob uns die mögen?" fragte die Mini.
„Die sollen froh sein, wenn wir sie mögen", sagte die Maxi und zog die Mini zu den zwei Buben hin.
„Ich bin die Maxi, und das ist die Mini", sagte sie zu den zwei Buben.
Die Mini setzte sich blitzschnell auf einen Stuhl. Unter fremden Kindern stand sie nicht gern herum.
Sie mochte nicht „in voller Länge" ausgiebig begutachtet werden.
„Und wie heißt ihr?" fragte die Maxi die beiden Buben.

Der eine Bub sagte:

Der andere Bub sagte:

Und dann läutete die Schulglocke, und die Frau Lehrerin kam in die Klasse!
Und die Mini bekam kugelrunde Staunaugen!
Die Lehrerin schaute nicht grantig drein, nicht keppelig und nicht griesgrämig, nicht mürrisch und nicht humorlos, nicht beißzangig, nicht verbittert!
Und boshaft, stocksauer oder quengelig schon gar nicht!
Allerliebst schaute die Frau Lehrerin Huber aus!
Blitzblaue Augen hatte sie, rotblonde Wuschellocken hatte sie, ein paar Sommersprossen waren auf ihrer Stupsnase.
Und in ihrem Kinn war ein Lachgrübchen.
So schaute die Frau Lehrerin Huber aus:

Die Frau Lehrerin stellte sich in die Mitte der Klasse, verneigte sich und sagte: „Ich bin die Bibi Huber, und ich freue mich schon den ganzen Sommer auf euch."
Und dann sagte sie: „Ich habe eure Namen auswendig gelernt und bin neugierig, welches Kind zu welchem Namen gehört!"
„Na, dann raten Sie!" rief der Bub, der Mini gegenüber saß.
Die Frau Lehrerin schaute ihn an, runzelte die Stirn, dachte nach, und dann rief sie: „Du bist der Hannes Mader!"
Mauloffen saß der Hannes da und nickte.
„Glück gehabt!" sagte die Frau Lehrerin.
Aber weil man zweimal hintereinander nur selten Glück hat, wollte sie nicht weiterraten. Sie sagte alle gelernten Namen auf.
Und bei jedem Namen rief ein Kind:

DAS BIN ICH...
DAS BIN ICH!
...DAS BIN ICH!!!
DAS BIN ICH!
DAS BIN ICH!
...UND DAS BIN ICH!!!

Die Frau Lehrerin machte keinen Fehler.
Alle zwanzig Namen sagte sie richtig auf.
Die Mini kam als letzte dran.
Weil die Mini ZIPFEL heißt.
Und weil die Frau Lehrerin die Namen von A nach Z gelernt hatte.
„Und wie wirst du gerufen?" fragte die Frau Lehrerin die Mini (das hatte sie die anderen Kinder auch gefragt).
„Mini", antwortete die Mini und dachte: „Jetzt wird gleich wer rufen, daß ich mit meiner Nachbarin Namen tauschen soll! Weil sie MINI ist und ich MAXI bin!"
Doch niemand sagte das.
Die Kinder schauten Mini bloß freundlich an.
Und ihr wurde wolkenweich ums Herz und schäfchenflauschig im Bauch.

Die Mini wollte gar nicht zurück zur Mama und zur Oma, als die Frau Lehrerin sagte: „So, nun kennen wir uns alle, das reicht für den ersten Schultag!"
„Ist ja kaum eine Stunde um",
rief die Mini.
„Morgen um acht geht es ja weiter",
sagte die Frau Lehrerin.
„Da gibt's dann zwei Stunden!"
Die Kinder nahmen ihre Schultüten und erhoben sich von ihren Plätzen.
Und die Mini fing vor lauter Staunen zu schielen an.
Das ist so eine Eigenart der Mini.
Wenn sie unheimlich erstaunt ist, flutscht das Blaue in ihren Augen in die äußeren Augenwinkel und bleibt dort, bis sich die Mini vom Erstaunen erholt hat.

So schaut die sehr erstaunte Mini aus!

Warum die Mini so erstaunt und so verblüfft war? Weil sie garantiert nicht das größte Kind in der Klasse war!
Ein Bub und ein Mädchen waren noch ein bißchen größer als die Mini, zwei Buben und zwei Mädchen waren genauso groß wie die Mini.
Die Mini dachte: Wenn es unter zwanzig Kindern sieben „lange Latten" gibt, dann ist ja da die „Überlänge" direkt normal!
Und nachdem sie sich das gedacht hatte, flutschte das Blaue in ihren Augen wieder aus den Augenwinkeln heraus, und sie mußte nicht mehr schielen. Sehr zufrieden sagte sie zur Maxi: „Ich finde die Schule super!"
„Sowieso", sagte die Maxi.
Und dann liefen alle Kinder der 1C aus

der Klasse, den wartenden Mamas und Omas zu. Und die Mini und die Maxi wuselten mitten in der Kinderschar mit.
Und die Maxi sagte zur Mini:
„Ab jetzt sind wir Freundinnen!"
Und die Mini sagte: „Auf ewig und eisern sind wir Freundinnen!"
Als sie beim Schultor waren, stürzte die Oma auf Mini zu.
„Na, wie war es ?" fragte sie.
Zu weinen hatte sie inzwischen aufgehört.
„Das ist meine Freundin", sagte die Mini.
Die Maxi gab der Oma die Hand.
„Ach, bist du ein süßes kleines Mäderl", rief die Oma und klatschte vor lauter Entzücken in die Hände.
Die Mini zog die Maxi fest an sich und sagte zur Oma:

DARUM PASSEN WIR JA ZUSAMMEN!
WEIL WIR ZWEI SÜSSE MÄDERLN SIND!!! EINE SÜSSE KLEINE MAXI...
...UND EINE SÜSSE GROSSE MINI!